W0192457

Paul Josef Kardinal Cordes

Yoga

Paul Josef Kardinal Cordes

Yoga

Ein religionsneutrales
Gesundheitstraining?

media
maria

Paul Josef Kardinal Cordes hat diesen Vortrag am 17. März 2018 an der Phil.-Theol. Hochschule Benedikt XVI. in Heiligenkreuz gehalten.

YOGA
Ein religionsneutrales Gesundheitstraining?
Paul Josef Kardinal Cordes

© Media Maria Verlag, Illertissen 2018
Alle Rechte vorbehalten
ISBN 978-3-9454019-3-4
www.media-maria.de

Inhalt

Vorwort

Sebastian Kneipp († 1897) war ein deut-
scher katholischer Pfarrer, der durch seine Heilerfolge weltberühmt wurde; er er-
fand die Wassertherapie. Freilich sucht
man – obschon er Priester war – in seinen
Kuren irgendwelche religiöse Beimischun-
gen vergeblich. Er beschränkte sich streng
auf äußerliche Bäder und Waschungen.

Asiatische Gesundungsmethoden sind
von Kneipps rein praktischen Behandlun-
gen klar zu unterscheiden. Sie bedienen
sich zur Heilung nicht nur physischer
Kräfte. Sie sind vielmehr zuinnerst ver-
woben mit spirituellen Elementen. Yoga
und Zen-Buddhismus sind ihre Schritt-
macher. Wohl gibt sich dieser Markt in
seiner Werbung generell religionsneutral.
Doch entstammt er Wurzeln und Trieb-

kräften, die christentumsfeindlich sind. Und in den angebotenen Kursen hat ihre gottlose Prägung wachsenden Einfluss auf den Genesungsprozess.

In den westlichen Ländern verbreiten sich Yoga und Zen-Buddhismus schnell und effektiv. Ihre Versprechungen und die fremdländische Faszination machen sie nicht selten zum Magnet auch für Christen. Da lässt eine Stellungnahme derer aufhorchen, denen solche Mediationen lange bekannt und durch Erfahrung vertraut sind. Die Syro-Malabarische Kirche Indiens lehnte jüngstens durch ihre Glaubenskommission ab, dass Christen mit Gesundheitsproblemen an Yoga-Sitzungen teilnehmen. »Diese Übungen verbreiten nämlich Ideen und eine Kultur, die antichristlich sind« (*Times of India* vom 5. April 2018). Und die Kommission warnt vor der »Gefahr, dass physische Handlungen und Übungen in sich selbst abgöttisch werden« (*Asia News* vom 4. Juli 2018).

Diese Nachricht aus der Weltkirche gibt einem wissenschaftlichen Symposion zur Problematik neue Aktualität. Es wurde von der Hochschule des Zisterzienserstifts »Heiligenkreuz« bei Wien im März dieses Jahres abgehalten und trug den Titel »Erlösung oder Selbsterlösung? Die Antwort des christlichen Glaubens auf Gnosis und Esoterik«. Die nachfolgende Studie will dessen Abschlusskonferenz einem größeren Kreis Interessierter zugänglich machen.

New Age –
eine modische Heilslehre,
theologisch inspiziert

Arnold Gehlen beschrieb den Menschen als »Mängelwesen«. Mit dieser Charakterisierung wollte er das *animal rationale* vom Tier absetzen. Wohl fand seine Anthropologie keine allseitige Anerkennung. Doch bleibt der Begriff »Mängelwesen« auch außerhalb von Gehlens Denksystem einer negativen Sozialphilosophie gültig; der Befund hat als ein wichtiger Hinweis auf unser aller Anfälligkeit und Bedürftigkeit Bestand.

Religionen legten von jeher Wege vor, der menschlichen Schwäche beizukommen. Kreatürliches Ungenügen schaffte sich den Kosmos heidnischer Götter. Die biblische Offenbarung des Alten und Neuen Bundes ist gleichfalls damit befasst, auf die unterschiedlichsten Formen menschlicher Not einzugehen. Nicht nur das. Die Bewältigung von Ohnmacht und Elend erscheint in der Bibel sogar als ein wesentlicher Anknüpfungspunkt göttlichen Heilsgeschehens. Etwa während des öffentlichen Wirkens Jesu Christi. Die Evangelien sind durchzogen von Jesu Gunstbeweisen an die Leidenden und Bedürftigen. Allerorten greift er ein, um Elend zu wenden und Leben zu retten. So finden sich etwa allein im Markusevangelium zwölf Heilungswunder: der Besessene in Kafarnaum (Kap. 1), die Schwiegermutter des Petrus (dto.), der Aussätzige (dto.), ein Gelähmter (Kap. 2) etc. Als Jesus von Johannes dem Täufer befragt wird, macht er selbst seine physischen Wohltaten zum Kennzeichen seiner Person: »Blinde sehen wieder und Lahme gehen; Aussätzige werden rein und Taube hören;

Tote stehen auf ...« (Mt 11,5 ff.). Er küm-
mert sich um Speise und Trank: die Ver-
wandlung des Wassers in Wein (Joh 2,1 ff.);
die wunderbare Brotvermehrung (Joh
6,1 ff.). Schließlich greift er ein gegen die
Bedrohungen des Menschen durch die
Natur: etwa die Stillung des Seesturmes
(Mk 6,48 ff.).

Yoga und seine vielen Strömungen

Ein solcher Befund der Offenbarung lässt keinen Zweifel: Kein Christ darf den menschlichen Hilferuf überhören. Ihn anzunehmen, ist Christi Auftrag. So wurde das menschliche Bedürfnis für die Kirche immer schon zur Verpflichtung. Ihre Geschichte ist durchzogen von eindrucksvollen Traditionen des Helfens aller Art. Wie viele Heilige gründeten Orden zur Bekämpfung von Leid – bis hin zur heiligen Mutter Teresa in unseren Tagen! Angesichts dieser rühmenswerten Vergangenheit ist hier zunächst vielleicht ein kleiner Zwischenruf gestattet: Mögen auch immer wieder gegenchristliche und gegenkirchliche Stimmen lauthals unsere Glaubensgemeinschaft heruntermachen:

Wir sind als Kirche stolz auf unsere Vorreiterrolle im Dienst am Menschen.

Wie nun lässt sich die moderne Welle asiatischer Meditationspraktiken in den erwähnten kirchlichen Heilswillen integrieren? Ich selbst habe als Student der Theologie mit Interesse etwa schon Ende der 50er-Jahre die Publikation des Jesuiten Hugo M. Enomiya-Lassalle gelesen.[1] Er war in dieser Zeit sehr bekannt als buddhistischer Zen-Meister. Seine Publikation versprach uns Seminaristen Konzentrationskraft, Entspannung und seelische Ruhe. Warum sollte ich dies nicht versuchen? Zumal die Publikation von einem Jesuiten stammte. Im katholischen Standardwerk *Lexikon für Theologie und Kirche*[2]

---

[1] Immer noch greifbar:
Hugo M. Enomiya-Lassalle, *Zen-Meditation für Christen*, München 1968.

[2] C. Regamey, Art. »Yoga«, in: J. Höfer und K. Rahner (Hg.), *Lexikon für Theologie und Kirche*, Band X, 2. Auflage, Freiburg 1965, 1289 f.

spricht der Artikel »Yoga« durchaus positiv von der vermittelten Ich-Stärke und den Heilungskräften. Unerwähnt bleibt dort freilich, dass Yoga – dem Buddhismus verbunden – durch Meditation wohl Erleuchtung, doch auch Selbstauslöschung ansagt.

Das war Mitte des vorigen Jahrhunderts. Wie stellt sich heute die Welt dar, die uns die Heilungswege der östlichen Kulturen mitten in Europa anbietet? Yoga trat zunächst als simple Gymnastik auf, als harmloser Gesundmacher. Es wurde in unseren Breiten fraglos zum Türöffner für die asiatischen Heilsangebote. Inzwischen haben sich dann allerlei Meditations-Epigonen etabliert. Und ein großer – auch kirchlicher – Markt hat sich ihnen aufgetan. Vielleicht kann man dieses neue, weite Feld mit den Sammelbegriffen »Neognosis« und »Esoterik« umreißen.

Schon ein Blick ins Internet lässt einen Interessenten erkennen, welche Karriere die asiatischen Wellnessangebote und ihre Meditationsformen im Westen gemacht haben. Neben »Yoga« hier noch einige weitere:

- *Tai-Chi*, ein im Westen rezipierter Taoismus meditativer Selbstverteidigung
- *Qigong* als Konzentration des Geistes auf die inneren Körperorgane und auf die sie bewohnenden Götter, im Geist von Taoismus und Konfuzianismus
- *Reiki* – eine japanische Heilslehre, die Führung zur Harmonie mit sich selbst und den Kräften des Universums verspricht
- *Osho*, benannt nach einem indischen Philosophen, der die Neo-Sannyas-Bewegung begründete
- *Sathya Sai Baba*, das ist der Name des Stifters eines weltweit arbeitenden indischen Hilfswerks
- *Ayurveda*, eine indische Heilkur

All diese ungewohnten Namen stehen nun allerdings nicht nur im Internet oder in einschlägigen Lexikonartikeln; nicht nur Sammelwerke in Bibliotheken vermerken sie. Es handelt sich um Aktionsgruppen mit effizienter Dynamik. Sie werden in Europa oft von einer starken Führungsschicht geleitet. Und die katholische Kirche hat ihnen ihre Tür nicht nur einen Spalt weit geöffnet. Unter den katholischen Ordenshäusern in der Bundesrepublik, die im Internet *Qigong*-Meditationen anbieten, fand ich auf Anhieb mehr als zehn Klostergemeinschaften, ganz zu schweigen von den vielen Caritas-Einrichtungen, die solche Gesundheitshilfen anbieten. Gewiss zeigen nicht alle gleich bei ersten Berührungen ihre weltanschaulichen Wurzeln. Doch früher oder später treten sie hervor. (Ein Symposion gab mir Ende November 2016 Gelegenheit, die Problematik beim Lehrstuhl für Caritas-Wissenschaft der Katholischen Fakultät der Universität Freiburg vorzutragen.[3] Eingefahrene, auch irrige Routen lassen sich jedoch leider nicht mit einem einzigen Zwischenruf korrigieren.)

---

[3] P. J. Cordes, »Deus caritas est. Die Redaktionsgeschichte«, in: K. Baumann (Hg.), *Theologie der Caritas*, Würzburg 2017, 101–112.

Reiki

Damit wir uns nicht in Abstraktes verlieren, will ich zunächst referieren, was ich über Reiki in Erfahrung bringen konnte. Hinter dem Namen steht eine der bekanntesten Heilungsmethoden des New Age. Eine verzahnte Hierarchie sichert deren Zielvorgaben. Und sie ist im katholischen Raum fest etabliert: So wurde etwa im Juni 2017 ein Reiki-Symposium in Wien angeboten unter der Leitung einer Reiki-Therapeutin, die auch Mitarbeiterin des Caritas-Verbandes ist.[4]

Auch der Caritas-Verband der Erzdiözese Paderborn, meines Heimatbistums, lud im vergangenen Jahr ein zu einem

---

[4] http://www.reikisymposium.at/aiko-kaplan/, abgerufen am 1. März 2018.

»Reiki-Schnupperkurs« nach Brilon/Westfalen.[5]

Bei so viel kirchlicher Umarmung kann nun die Gretchenfrage nicht ausbleiben: Welche spirituellen Faktoren treten bei der Methode Reiki ans Licht? Zwei Beispiele mögen die weltanschaulich-religiösen Implikationen aufdecken. Das Internet gibt bereitwillig Auskunft.

In Deutschland etwa gilt die Inderin Mutter Meera für die Reiki-Anhänger als »vollständig erleuchteter Buddha«. Sie ist die Bezugsperson für die Einübung von Yoga-Meditation. Einer ihrer Anhänger verteidigt sie darum auf ihrer Homepage. Der Yogi mit Namen Nils Horn schreibt:

Mutter Meera lebt als Erleuchtete in einem Einheitsbewusstsein, besitzt aus meiner Sicht höhere spirituelle Fähigkeiten und kann ihre

---

[5] https://www.caritas-brilon.de/pressemitteilun gen/reiki-schnupperkurs-fuer-60/940208/, abgerufen am 10. Oktober 2017.

*Anhänger durch die scheinbar zufälligen Er-
eignisse des Lebens führen. Ich habe auch erfahren, dass ich in einer Notsituation aus einer
höheren Dimension Hilfe bekam. Die Erleuchtung ist eine Ebene über allen Begriffen. Man
kann deshalb nach meiner Erfahrung Buddha
Amitabha anrufen und bekommt von allen er-
leuchteten Meistern Hilfe, die energetisch mit
Buddha Amitabha verbunden sind.*[6]

Dass solche Heilungsbeziehungen die
transzendent-religiöse Energie einbezie-
hen wollen, liegt auf der Hand; der Prozess beschränkt sich nicht auf physisch-
diesseitige Kräfte. Dass sie mit dem christlichen Glauben unvereinbar sind, wird
deutlich in der Reiki-Praxis. Eine Teilnehmerin an einem Reiki-Wochenende in
Hamburg macht sich Luft.

---

[6] https://utopia.de/0/blog/yogi-nils-blog/wann
-klappt-es-endlich-mit-der, abgerufen am
24. Oktober 2017.

Sie ist also fraglos keine Fanatikerin auf der Suche nach Häretikern. Als man sie in ihrem Kurs allerdings auf einige religiöse Fixpunkte von Reiki einschwören will, sperrt sie sich. Ihre Worte:

Man wollte mir Folgendes klarmachen:
- *Gott ist lediglich universelle Energie, die von jedem Menschen angezapft werden kann. Nicht Gott entscheidet, wer seine Energie bekommt, sondern z. B. diese Reiki-Meisterin (für 190 Euro). Für mich suspekt: Gottes Energie käuflich?*
- *Es gibt keinen Teufel, es gibt nichts Böses (jeder hat nur seine Aufgabe). Ich sagte diesen Leuten, sie sollen das mal einer Mutter erzählen, deren Kind sexuell missbraucht und getötet wurde. Ich glaube kaum, dass diese Mutter das versteht. Ich bekam darauf keine Antwort mehr.*
- *Wiedergeburt und Selbsterlösung. Man braucht keinen Jesus.*

- *Neues Zeitalter, Wassermannzeitalter: Alles wird besser und Reiki wird auf alle Menschen wirken und die Welt verändern.*
- *Wünsche ans Universum (jeder Wunsch geht in Erfüllung).*
- *Nachts geht die Seele spazieren. Wenn sich ein Spiegel in diesem Zimmer befindet, findet die Seele den Körper nicht mehr. Deshalb sollte im Schlafzimmer kein Spiegel sein.*
- *Ich sollte zu Hause meine Kreuze alle abnehmen und durch ein »Omm«-Zeichen ersetzen. Man wollte mir gleich weismachen, ein Kreuz macht jemanden schwach.*

Die Teilnehmerin fasst ihr Urteil zusammen:

Ich weiß jetzt, dass ich mich nicht Gott, sondern dem Teufel persönlich zugewendet habe. Es war mir eine Lehre.[7]

---

[7] https://www.achtung-lichtarbeit.de/bericht7.html, »Aussteiger berichten«, abgerufen am 29. Januar 2018.

So weit die beiden Informationen. Gewiss geben sie keine Durchschnittserfahrung mit New Age wieder. Auch mag es sein, dass all die Zentren asiatisch inspirierter Gymnastik und solche östlichen Gesundheitstrainings anfangs heilend wirken. Doch bei manchem macht solches anfängliche »Schnuppern« Appetit auf mehr. Oft genug wurde beobachtet, dass der Buddhismus eine ihm innewohnende, ihm anhaftende Dynamik hat. Je tiefer man in ihn eindringt, umso stärker fasziniert er. Die Flut von Veröffentlichungen auf dem Buchmarkt und in Zeitschriften spricht für sich. Große Namen wie Richard Gere, Tina Turner, Cindy Crawford, Mehmet Scholl sind Zugpferde. Die 2010 geschätzten Zahlen, die für die USA 3,8 Millionen und für Europa 1,3 Millionen Buddha-Anhänger nennen, sind bis heute nochmals um ein Vielfaches gewachsen. (Kürzlich waren für die USA 20 Millionen vermerkt.) All das legt nahe, dass in den beiden zitierten Erklärungen aus dem Internet nur die berühmte Spitze des Eisbergs zu sehen ist. Dann drängt sich die Frage auf: Sehen Kirchenleute die genannten Meditationsmethoden als »Trojanisches Pferd« für unsere Offenbarungsreligion? Mit Achselzucken können sie der Welle kaum begegnen.

A-religiös?

Die asiatischen Heilsofferten treffen in der westlichen Hemisphäre auf eine Fülle von Gesundheitshungrigen. In den meditativen Spielarten sehen Kenner den Einfluss des Buddhismus. *Yoga* und *Reiki, Qigong* und *Osho, Sathya Sai Baba* und *Ayurveda* – sind ohne den Zen-Buddhismus nicht zu denken.

Inzwischen wird in all den vielen Variationen neben dem Buddhismus eine weitere Klammer ausgemacht. Sie finden eine Gemeinsamkeit in einem freilich noch konturloseren Strom, der »New Age« genannt wird. »New Age« versteht sich als Bewegung, die »körperbezogene Techniken und die Beschäftigung mit außeralltäglichen, transpersonalen Bewusstseinszuständen« umfasst – »darunter solchen, die lange als abnormal und krankhaft gegolten hatten«. Ihre Übungen würden den Menschen befreien. »Alles, was das Christentum und wissenschaftliche Weltbild bislang abgelehnt hatten, genießt als Zeugnis von Wahrheiten ... in der New-Age-Theorie und -Praxis höchstes Ansehen.«[8] Marilyn Ferguson gehörte zu den Pionieren der New-Age-Bewegung. Die Autorin stellte deren Aufbruch als eine neue »Ära der Liebe und des Lichtes« dar. Der Mensch erlange durch sie ein »neues Bewusstsein«, weil er zu seiner eigenen inneren Kraft finde. Er habe erkannt: Seine Rettung kommt nicht von außen, sondern aus dem eigenen Inneren. Jeder hat selbst in diesem Erkenntnisprozess eine allumfassende Eigenverantwortung.[9]

---

[8] K. Hoheisel, »New Age«, in: *Theologische Realenzyklopädie,* Band XXIV, Berlin 1994, 411–416.

[9] H. Graf (Hg.), *Die New-Age-Bewegung,* Heiligenkreuz 2017, 56.

Die angesprochenen unterschiedlichen Heilungsofferten geben durchgängig religiöse Neutralität und volle Kompatibilität mit christlichen Inhalten vor. Doch sind sie keineswegs nur rein technische Übungen wie das Fitnesstraining in einem der modernen Sportpaläste. Oder wie die Wasserkuren des Pfarrers Kneipp. Anders bei »New Age«. Anfangs mag der Heilungssuchende vom Lächeln und den sanften Berührungen der neuen Gesundheitsapostel auf deren religiöse Neutralität schließen. Doch alle haben ihre starken weltanschaulichen Parameter. Früher oder später zeigen die angebotenen Meditationsmethoden ihre geistesgeschichtlichen Wurzeln und transzendenten Implikationen. Dann tritt ihr Januskopf zutage. Und niemand, der sich auf sie einlässt, sollte von seinen Lehrern fordern: »Wasch mich, aber mach mich nicht nass!« Das wäre eine Paradoxie.

Interpersonalität

Die erste christliche Herausforderung durch New Age liegt in seiner These von der Selbsterlösung. Von dieser buddhistischen Lehre sind alle seine Zweige durchflutet und geprägt. Der tibetische Buddhismus fand sogar seine Popularisierung im Westen gerade durch New Age. Sein herausragender Vertreter in der westlichen Welt ist der gegenwärtige Dalai Lama. Zu Recht wird darum der Buddhismus auch in einem vatikanischen Dokument als eine der Quellen von New Age bezeichnet.[10] Oder zugespitzt gesagt: In der genannten Denk- und Heilsströmung

---

[10] Päpstl. Rat für den Interreligiösen Dialog/ Päpstl. Rat für die Kultur, *Jesus Christus – Bringer des Wassers des Lebens*, 3. Februar 2003, 2,1.

»Buddha und New Age« liegt ein Grundzug, der uns bei unserer theologischen Inspektion besonders zu beschäftigen hat: der Heils-Solipsismus. Im Zen-Buddhismus wird er greifbar.

Wie versteht Zen-Buddhismus die Erlösung?

Das bedrängte Ich befreit sich aus eigener Kraft. Eine detaillierte Studie zum Buddhismus kommt zu dem Ergebnis: »Im Sinne des ursprünglichen Buddhismus setzt Zen-(Meditation) also sein ganzes Vertrauen auf das Selbsterleben des Menschen, die ›eigene Macht‹.«[11] Sei dein eigener Retter! Ich-Verkapselung und Egozen-

---

[11] Hans Küng, Art. »Buddhismus und Christentum«, in: Hans Küng, Josef van Ess, Heinrich von Stietencron, Heinz Bechert, *Christentum und Weltreligionen*, Band IV, 2, München 1984, 591.

trik sind nicht nur unvermeidbar, sie sind sogar geboten. Der Weg wird bestimmt durch Isolation, Beziehungslosigkeit, Apathie – wie es das buddhistische Ideal aufzeigt. Der Fachmann formuliert: »Ebendies ist die Seligkeit des Nirwana, dass es hier keine Empfindung gibt.« Das Individuum erlischt im Ozean der Entgrenzung. Der buddhistische Heilige erreicht sie schon zu Lebzeiten.[12]

Dem Okzidentalen fällt Nietzsches solipsistisches »Werde, der du bist« ein, und er erhebt Widerspruch. Seit dem wichtigen Beitrag, den Martin Bubers († 1965) Philosophie zum Verständnis des Menschen beigetragen hat, überzeugt der gebieterische Individualismus mit seiner Egozentrik nicht mehr als anthropologisches Konzept. Interpersonalität ist angesagt. Buber macht einsichtig, dass der

---

[12] Heinz Bechert, »Buddhistische Perspektiven«, in: ebd., C II, 431–465, bes. 428 ff.

Mensch für sein Selbstsein die Bestätigung durch seine Umwelt braucht (»Das Ja des Seindürfens«). Jemand bildet seine Identität, indem er zu dem ihn Umgebenden in Beziehung tritt: zur dinglichen Welt in einer Ich-Es-Beziehung und zum menschlichen Gegenüber in der Ich-Du-Beziehung. Er **ist** – im wechselseitigen Wirken von Ich und Du aneinander und aufeinander; Buber spricht von der Gleichursprünglichkeit der Urworte »Ich-wirkend-Du und Du-wirkend-Ich«.[13] Oder – um es mit dem alttestamentlichen Weisen Kohelet negativ auszudrücken: »Wehe dem, der allein ist« (4,10). Mit diesem Vers öffnet die Bibel die Interpersonalität für den Raum des Glaubens.

Der Relevanz unserer zwischenmenschlichen Abhängigkeit für unser Gottesverhältnis ist der französische

---

[13] Martin Buber, *Das dialogische Prinzip*, Heidelberg 1962, 25.

Priester und angesehene Theologe Jean Mouroux († 1973) nachgegangen. In einer kleinen Schrift untersucht er den Glaubensakt und gibt dem Gottsucher tiefsinnige Orientierung. Er geht zunächst davon aus, dass jemand einer anderen Person innewird durch geistige Begegnung und geistliche Kommunion. Kenntnis und Liebe sind die Kräfte, die ihn von innen her aufladen; dann vermitteln sie einen vorher unbekannten Elan. Der Einzelne wird berührt und entdeckt ein Du. Gegebenenfalls öffnet sich dann sein Inneres, sein »Herz«.

Auf Gott verwiesen

Solch zwischenmenschlichem Verhalten analog vollzieht sich nach Mouroux auch der Glaubensakt. Wie der Mitmensch im Alltag, so kann auch Gott ein Ich ausmachen, indem er es anruft. Durch die Gnade gewinnt ein solcher Ruf übernatürliche Kraft. Der Mensch antwortet. Er ahnt zwar, dass er sich in etwas Ungewisses stürzt, sich auf ein Risiko einlässt. Doch er wünscht auch und rechnet damit, dass ihn Arme auffangen und halten werden.[14]

Es liegt auf der Hand, dass sich New Age mit seiner verkrüppelten Anthropo-

---

[14] Jean Mouroux, *Ich glaube an dich. Die personale Struktur des Glaubens,* Einsiedeln 1951, bes. 25 ff.

logie und Selbstverkapselung fatal auf die menschliche Fähigkeit auswirken muss, sich auf Gott zu beziehen. Das Evangelium ist verlässlicher und belehrt uns dann auch eines Besseren. Jesu Heilstaten vollziehen sich in der Begegnung, in der menschlichen Kommunikation. Ihre Bedingung ist eine innere Hinwendung zum Heiland. Die Evangelisten nennen sie: Glaube. Gewiss bewältigt der Herr das Elend, stillt den Hunger, rettet aus der Not, erleichtert Leben. Doch ist seine Segnung kein bezahltes Amazon-Paket, das nur einen Gegenstand abzuliefern hätte. Wer verkennt, dass Jesu Gabe immer an den Geber binden soll, der hat Jesu Erlösung gründlich missverstanden; er bleibt ein armer Solipsist.

Leider kommt der Theologe Hans Küng in seinen 200 Seiten zum Thema »Buddhismus« auf die monomane Falle des Yoga nicht mit einer Zeile zu sprechen. Schlimmer noch: Der Aufriss, der Jesu Leben, Sendung und Weisung darlegt[15], enthält keinerlei Vermerk einer Gottesbeziehung Jesu zum Vater im Himmel oder von Jesu Lehre über den Vater; das ist bei einem katholischen Universitätslehrer wirklich bitter. Auch Küngs Vergleich der Frömmigkeitspraxis von Christen und Buddhisten kann nicht überzeugen. Korrekt weist der Autor zunächst dem Christen das Gebet zu; dass mit solchem Beten eine mystische Erfahrung verbunden sein kann, entfällt dann allerdings. Mystik ist für Küng hingegen das charakteristische Merkmal des Zen-Buddhismus. Und schließlich verkündet er mit Emphase: Buddhistische Mystik stehe »unter dem großen Programmwort der Freiheit ... Ist es nach alledem eine Überraschung, wenn

---

[15] Hans Küng, Art. »Buddhismus und Christentum«, in: Hans Küng, Josef van Ess, Heinrich von Stietencron, Heinz Bechert, *Christentum und Weltreligionen*, Band IV, 2, München 1984, bes. 457 und 460.

auch Christen, die sich von kirchlicher Dogmatik, starren Regeln und geistiger Dressur bis ins Gebetsleben hinein reglementiert vorkommen, solch inhaltsfreies Denken, solche objektlose Meditation, solche beglückend erfahrene Leere als wahre Befreiung empfinden?«[16]

Vielleicht hier eine kleine persönliche Zwischenbemerkung:

Vor Jahren machten junge Verantwortliche der neuen Geistlichen Bewegungen im Internationalen Jugendzentrum »San Lorenzo« in Rom als freiwillige Helfer den Empfangsdienst für jugendliche Pilger aus aller Welt. Wir trafen uns wieder einmal zum Austausch und zur Ermunterung. Unvermittelt kam das Thema »Yoga und Buddhismus« auf. Offenbar hatte die Freundin eines Helfers zwei Jahre in Rom in einem buddhistischen Zentrum

---

[16] Hans Küng, Art. »Buddhismus und Christentum, in: ebd., 411–614, hier 591 und 597.

verbracht. Plötzlich sagte er zu ihr: »Erinnerst du dich noch an die Zeit, als du das Kloster endlich wieder verlassen hattest? An dein Fühlen und an dein Verhalten? Du lachtest nicht mehr, hattest keinerlei Interesse an irgendetwas Schönem, an gutem Essen, an politischen Fragen – an mir; du warst völlig apathisch. Gut, dass jetzt alles anders ist!« Dann lachten beide glücklich.

Auch wenn der Buddhismus verneint, selbst eine Religion zu sein, so zersetzen doch seine Praxis und Lehre die Religionen. Seine Verpflichtung des Menschen zu monadischer Einsamkeit weist alle Transzendenz ab. Religion wird individualisiert und subjektiviert; sie wird bemessen an ihrem privaten Nutzen. Das Göttliche oder gar ein personaler Gott sind gegen die Sakralisierung des menschlichen Ich ausgetauscht. Dieses kann angeblich kraft verborgener Energien zur Einheit mit Natur und Kosmos gelangen. Eine neue Stufe der Fülle würde erreicht: Ihm eröffneten sich Reinkarnation, Transformation und Evolution. Fern aller christlichen Interessen kommentiert der Religionssoziologe Hubert Knoblauch:

Die »Neognosis« ist in gewisser Weise der deutlichste Ausdruck einer Sakralisierung des Ich, das nun – kraft verborgener Energien – die Einheit mit Natur und Kosmos erbringen kann. Die verschiedenen Elemente der Neognosis … verstärken die Subjektivierung der Religion, d. h. eine Verinnerlichung; die Individualisierung, d. h. die Entfernung vom öffentlichen Ritual, und die Vermarktung, die Religion nach ihrem privaten Nutzen bemisst.[17]

---

[17] Hubert Knoblauch, »Die Verflüchtigung der Religion in das Religiöse«, in: Thomas Luckmann, *Die unsichtbare Religion*, Frankfurt 1991, 7–41, hier 31.

Sünde und Heil

Bereits 1989 veröffentlichte die Glaubenskongregation ein sehr hilfreiches »Schreiben an die Bischöfe der katholischen Kirche über einige Aspekte der christlichen Meditation« (15. Oktober 1989). Es setzt sich mit den Praktiken der asiatischen Meditation kenntnisreich und fair auseinander. Die bereits erwähnten katholischen Klöster, die Caritas und die Bildungshäuser haben es wohl nie zur Kenntnis genommen.

Der vatikanische Text verweist erwartungsgemäß auch auf die Risiken und Irrtümer, die durch die Verbreitung östlicher physischer und psychischer Übungen in den Raum des Christentums hineinwirken. Sie werden »Fehlformen« genannt, weil sie »von den Worten und Werken Jesu ... möglichst weitgehend alles auszuschließen« trachten, »was irdisch, sinnenhaft und vom Begriff her begrenzt ist«. Sie forderten dazu auf, »von der Menschheit Christi zugunsten eines vagen Eintauchens in den Abgrund des Göttlichen abzusehen« (Nr. 11).

Dies Zitat spricht klar den christentumsfeindlichen Charakter solcher Methoden aus. So macht es auf ihre zutiefst zerstörerische Wirkung aufmerksam: auf die Abkopplung unserer Sehnsucht nach Gesundheit von der Hinwendung zu Gott. Denn für christliches Erlösungsverständnis sind ja physische Heilung und Gottverbundenheit nicht voneinander zu trennen.

Wohl charakterisiert die Apostelgeschichte Jesus Christus und seine Sendung auf Erden an einer Stelle mit dem bezeichnenden Satz: Er »zog umher, tat Gutes und heilte alle ...« (10,38). Aber seine Güte zielte auf Doppeltes. Sie war ein humanitärer Akt, der lastendes Leiden wegnahm. Doch durch sein Helfen sollten sich die Beschenkten ihm und dem Vater im Himmel ausliefern. So ist denn der Glaube die Bedingung für Jesu Heilstat.

Das lehrt sogar ein Gegenbeispiel: In Nazareth, seiner Heimatstadt, wundert sich Jesus über den Unglauben der Bewohner; und dieser Unglaube ist der Grund dafür, dass er »dort keine Wunder wirken konnte« (Mk 6,5 f.). Positive Belege für den tieferen Sinn der Wunder gibt es zuhauf. Etwa die Episode mit dem Gelähmten, den vier Männer vom Dach her vor Jesus herablassen. Diesen spricht der Herr zuerst von seinen Sünden los. Bevor er ihn dann heilt, provoziert er die anwesenden Schriftgelehrten mit der erhellenden Frage: »Ist es leichter, zu dem Gelähmten zu sagen: Deine Sünden sind dir vergeben!, oder zu sagen: Steh auf, nimm deine Tragbare und geh umher?« (Mk 2,9). Dieser Abschnitt erweist: Heilung des Leibes und Vergebung der Sünden sind nicht zwei getrennte Vorgänge, der eine innerlich und geistig, der andere äußerlich und physisch. Oder noch genauer: Sündenvergebung ist die umfassende Heilsgabe, von der die Heilung des Leibes nur einen Teil darstellt. Und Jesus ist nicht ein Thaumaturg, ein Wundertäter, der magisch ein Glücksritual umsetzt und von dem auch sonst in der heidnischen Antike berichtet wird. Darum schließt die genannte Perikope mit dem Satz, dass die Menschen ob des Gesehenen »Gott priesen«: Sie haben erkannt, dass es der Allmächtige ist, der durch seinen Boten in die Geschichte eingreifen will. Derselbe Verweis auf Gott als den Erretter begegnet uns aus dem Munde Jesu nach der Heilung der zehn Aussätzigen (Lk 17,11 ff.). Sie liegt in der vorwurfsvollen Frage des Herrn gegenüber dem einen von ihnen, der zurückkehrt: »Wo sind die anderen neun?« Die Pointe will nicht Dankbarkeit anmahnen. Sie lautet: »Ist niemand sonst umgekehrt, um Gott die Ehre zu geben …?«

Der Sohn Gottes wollte nicht nur das Leid der Menschen, sondern vor allem dessen Ursache beheben. Der anfangs zitierte Vers aus der Apostelgeschichte über Jesu Wohltaten an den Menschen hat darum eine bezeichnende Fortsetzung: Er »tat Gutes und heilte alle, die in der Gewalt des Teufels waren«. Die christliche Sicht der menschlichen Beschwernisse bleibt nicht an der Oberfläche des Phänomens. Sie hat einen durchdringenden Blick, sodass sie Sünde und Gottesferne als Wurzel von Krankheit und Not erkennt.

Am beklagenswertesten ist darum der Schaden, den die Esoterik in ihren verschiedenen Formen im Bereich unseres Glaubens anrichtet. Wohl waren Gnosis und Heterodoxie in der Kirchengeschichte schon immer erkennbar, doch gegenwärtig fallen sie auf besonders bereiten Boden. Sie nähren und fördern wie ein Katalysator den Prozess, den Joseph Ratzinger schon als Kardinal »die heutige

Gottvergessenheit« genannt hat. Die wachen Glieder der Kirche und ihre Hirten sollten ihre destruktive Wirkung erkennen. Karl Rahner, ohne Frage der Weltoffenheit modernen Christseins zugetan, erfasste unter dem Stichwort »Gnosis« die theologischen Konnotationen auch von New Age. Die Bewegung verstehe sich als eine Erkenntnis, die nicht einer personalen, gnadenhaften Selbsterschließung Gottes, sondern dem zu entdeckenden Wesen des Menschen selbst entstammt. Sie resultiere aus solipsistischem »Selbstbewusstsein«, sie sei nicht gehorsames Hören des Wortes des anderen Gottes, nicht Glaube. Eine solche Erkenntnis sei dann angeblich schon durch sich allein erlösend; in ihr wäre alles Heil gegeben.[18] Und der größte Zen-Apostel des vergan-

---

[18] Karl Rahner, Art. »Gnosis«, in: J. Höfer und K. Rahner (Hg.), *Lexikon für Theologie und Kirche*, Band IV, Freiburg 1960, 1019 ff.

genen Jahrhunderts, der Japaner Daisetz Teitaro Suzuki, erklärt ohne Umschweife: »Zen ist keine Religion. Denn Zen kennt keinen Gott, der angebetet werden muss.«[19]

[19] H. von Straelen, »Selbstfindung oder Hingabe«, in: *Theologisches. Katholische Monatsschrift*, Siegburg 1997, 43.

Die Not als Stimulus

Eine Krise muss nicht immer in der Katastrophe enden. Die Bedrängnis der Glaubensgemeinschaft durch New Age ist nicht notwendig das »Trojanische Pferd«, das das Christentum bezwingt. Bezeichnend ist, dass der Glaube dem Wort »Heimsuchung« einen doppelten Sinn gibt. Beides: Prüfung und Ermutigung – wie in der Heimsuchung der Gottesmutter Maria bei ihrer Cousine Elisabeth. Könnte so die asiatische Meditationswelle eine »Heimsuchung« sein und eine positive Funktion für das Christentum bekommen?

Ein Blick über den Tellerrand der Kirche mag lehrreich sein. Auch große weltliche Konzerne kennen Phasen eingeschränkter Effizienz. Sie sind dann gezwungen, ihre Arbeitsweise zu prüfen, um sie zu verbessern. Am Anfang steht die bedrückende Wahrnehmung des Niedergangs. Sie muss zum Überdenken der Ziele und Mittel führen, die das Arbeiten bestimmen; die vorrangigen Schwerpunkte der Entscheidungen bei der Betriebsleitung und den Mitarbeitern sind zu erfragen. Wenn Führungskräfte eine Null-Fehler-Überzeugung sanktionieren, geht es weiter bergab. Nur eine andere »Unternehmenskultur« kann Abhilfe schaffen. Erst eine solche Einsicht bietet die Chance einer umfassenden Revitalisierung des Unternehmens. Ohne Krisensituationen gelingt es demnach offenbar nicht, das gängige »Vor-sich-hin-Arbeiten« abzulösen.

Ich habe diese in Problemfällen anzugehenden Schritte in einer wissenschaftlichen Studie für Wirtschaftsunternehmen gefunden. Die Untersuchung verweist etwa auf den Fall der deutschen

Fluglinie »Lufthansa«. Diese Airline habe sich Anfang der Neunzigerjahre des vergangenen Jahrhunderts unternehmerisch in einer verzweifelten Lage befunden. Nur durch fundamentales Umdenken in der Chefetage sei ein Neuanfang gelungen.[20]

Zur Wahrnehmung gegenwärtiger kirchlicher »Fehlerkultur« braucht es keine große Hellsichtigkeit: Genügt denn etwa irdisches Denken und Handeln, das unter Christen und in der Kirche unabwendbar dominiert? Unsere Sorge gilt dem Menschen. Gerechtigkeit, Friede und Bewahrung der Schöpfung zählen nicht mehr als »zweites Gebot«, das dem »ersten«, der Liebe Gottes, wohl gleich, aber eben doch das »zweite« ist. »Mach's wie Gott, werde Mensch«, ruft man uns wohlmeinend zu. Anthropozentrik verdrängt

---

[20] F. Weber/J. Berendt, *Robuste Unternehmen. Krisenfest in Zeiten des Umbruchs*, Wiesbaden 2017, 3.

Theozentrik. Und New Age mit seiner totalen Gottvergessenheit steht bereit, weil es letztlich so viel Philanthropie nur auf die Spitze treibt.

Darum ist Gott anzubeten; »allzeit gegenwärtig zu haben im Gemüt und im Streben und in der Liebe«, wie es der große Meister Eckehart sagte.[21] Und Gott ist zu verkünden, wie er sich geoffenbart hat. Sein biblisches Selbstbildnis ist anzustaunen.

Wer sich das Neue Testament »zu Herzen« nimmt und auf Gott hin befragt, kann nicht kalt bleiben. Er spürt etwas von der Liebe, die Gott in sich ist. Das erste Wort aus dem Munde des irdischen Jesus finden wir beim Evangelisten Lukas. Der Zwölfjährige spricht es im Tempel. Es ist ein Wort über den Vater: »Wusstet ihr

---

[21] Meister Eckehart, *Deutsche Predigten und Traktate.* Herausgegeben und übersetzt von Josef Quint, München 1955, 59.

nicht, dass ich in dem sein muss, was meinem Vater gehört?« (2,49). Und Jesu letztes Wort vor seinem Tod befasst sich wieder mit dem Vater: »Vater, in deine Hände lege ich meinen Geist« (23,46).

Karl Rahner hat von der geoffenbarten Dreifaltigkeit auf das innertrinitarische Leben geschlossen. Er hat die These aufgestellt: »Die ›ökonomische‹ Trinität ist die ›immanente‹ Trinität.«[22] Wohl ist seine Spekulation nicht unwidersprochen geblieben. Dennoch hat Gott es zugelassen, ja in seiner Offenbarung offenbar gewollt, dass wir durch sein Heilshandeln in Christus einen Blick in das innergöttliche Leben tun. Die erste Person, der Vater, gibt das Leben weiter, spricht sich aus, bildet sich durch die Kraft des Heiligen Geistes im Sohn ab. Gottes Leben in drei Personen

---

[22] Karl Rahner, »Der dreifaltige Gott als transzendenter Urgrund der Heilsgeschichte«, in: Johannes Feiner, M. Löhrer (Hg.), *Mysterium Salutis*, Band 2, Einsiedeln 1967, 317–398, hier 328.

ist reservelose Zuwendung, totale Beja-
hung, Erfüllung durch das liebende Du.
Gott ist Liebe nicht erst dadurch, dass er
seine Geschöpfe liebt. Schon vor aller
Schöpfung ist Gott in sich, in Bezug auf
sich selbst, Liebe. Und die göttlichen Personen leben ständig genau das Glück, das
die Geschöpfe ersehnen; das wir gelegent-
lich erfahren, wenn uns ein liebendes Du
bejaht. – Der frühere Kardinal von Mainz,
Hermann Volk, konnte große theologische Wahrheiten auf einprägsame Sätze
verknappen. Er sagte über das Befinden
des dreieinigen Gottes: »Gott geht es gut,
Gott geht es sehr gut, Gott geht es unend-
lich gut, Gott geht es unstörbar gut, Gott
ist ganz und nur selig.«[23]

Wer den dreifaltigen Gott in der Pasto-
ral übergeht, versündigt sich doppelt: Auf-

---

[23] »Gott lebt und gibt Leben«, in: Hermann Volk,
Gesammelte Schriften III, Mainz 1978, 133–184,
146.

seiten Gottes streicht er die Wahrheit, dass sich sein liebendes, erlösendes Du uns zuwendet, und uns Menschen betrügt er um Gottes Zusage, dass wir an der Fülle von Gottes eigenem glücklichem Leben teilhaben sollen. Wer wollte sie mit dem Nirwana tauschen?

Paul Josef
Kardinal Cordes

Dein Angesicht
GOTT
suche ich

Der Hinweis auf die »Gottvergessenheit« unserer Tage durchzieht wie ein roter Faden die Lehre und Verkündigung Joseph Ratzingers/Papst Benedikts XVI. Sein Appell nötigt dazu, eindeutig und verstärkt an Gott zu erinnern.

Der allmächtige Gott hat die Weltgeschichte geprägt: Sein Handeln und seine Selbstbekundung schufen das Alte und Neue Testament. In der fortdauernden Heilsgeschichte faszinieren beeindruckende Glaubenszeugen und Heilige wie Teresa von Ávila, Blaise Pascal, John Henry Kardinal Newman oder Charles de Foucauld.

Paul Josef Kardinal Cordes möchte dem heutigen Menschen, der von der »Gottesfinsternis« (Martin Buber) gequält ist, einen neuen Zugang zum oft vergessenen Gott eröffnen.

Gebunden, 288 Seiten
€ 19,95
ISBN 978-3-9454013-6-1

Paul Josef Kardinal Cordes wurde 1934 in Kirch-
hundem/Westfalen geboren. Er empfing 1961 das
Sakrament der Priesterweihe, promovierte 1971
bei Karl Lehmann und wurde 1976 zum Bischof
geweiht. Nach seiner Berufung in den Vatikan
1980 förderte er die neuen Geistlichen Bewegungen und initiierte die Weltjugendtage.
Papst Benedikt XVI. formulierte 2010 in einem
öffentlichen Glückwunsch: Du hast »sofort das
Lebendige gespürt, das da aufgebrochen war –
die Kraft des Heiligen Geistes, der neue Wege
schenkt und in unvorhergesehener Weise die
Kirche immer wieder jung erhält«.